ENTRE ART ET LITTERATURE.

«Mon métier et mon art, c'est vivre».

Michel de Montaigne, *Essais, II, 6.*

© 2015, Martine Schnell

Edition : BoD - Books on Demand
12/14 rond-point des Champs Elysées, 75008 Paris
Imprimé par Books on Demand GmbH, Norderstedt, Allemagne
ISBN : 9782322040148
Dépôt légal : Septembre 2015

Le lecteur trouvera dans ces pages, deux contributions relatives à l'intertextualité entre l'art et la littérature. Il s'agit de diverses réflexions portant sur plusieurs expositions d'art contemporain au *Séchoir* et à la *Kunsthalle* de Mulhouse, de mars à juillet 2015.

L'auteur

Éditrice indépendante, fondatrice des Éditions Schnelltrad, traductrice et formatrice à Mulhouse. Docteur en études germaniques de l'université de Haute-Alsace et de l'université de Leipzig; Membre de l'Institut de Langues et littératures européennes de l'université de Haute-Alsace. Recherches en cours sur l'intertextualité entre la littérature et l'art.

Thèse sur l'écrivain allemand Christa Wolf. (2003). Publications sur la littérature de RDA: *Lecture plurielle de l'œuvre de Christa Wolf*, Stuttgart: Ibidem-Verlag, 2004. Version allemande parue sous le titre, *Jetzt sind wir dran was jetzt geschieht geschieht uns. Christa Wolf im Spannungsfeld ihrer Vorgängerinnen und Zeitgenossen des 19. und 20. Jahrhunderts.* Stuttgart: Ibidem-Verlag, 2004. A partir de 2012, *Autour de Christa Wolf,* collection d'ouvrages consacrés à Christa Wolf, aux Editions BOD et aux Editions Schnelltrad.

MARTINE SCHNELL

Entre Art et Littérature.

De l'art de la traduction. Approches artistiques au travers de diverses expositions mulhousiennes.

Editions Schnelltrad 2015

SOMMAIRE

Introduction: L'art est-il une traduction?   (p. 11)

Promenade artistique au travers des expositions du *Séchoir*, d'avril à juin 2015   (p. 13)

Sitographie et articles consultés   (p. 41)

L'art de traduire ou quelques réflexions à propos de l'exposition *Dire presque la même chose*, à la **Kunsthalle**, Mulhouse, de Février à Mai 2015   (p. 43)

Sites, ouvrages et articles consultés   (p. 59)

Annexes: quelques illustrations   (p. 61)

INTRODUCTION

L'art est-il une traduction ?

Dans les pages suivantes, nous tenterons de répondre à cette question par l'affirmative, en envisageant deux approches.

Dans un premier temps, nous allons considérer l'art comme traduction de diverses formes artistiques (plastiques, sculpturales, picturales etc...). Le lecteur pourra se familiariser avec cette approche, par l'évocation de diverses expositions du Centre d' Art Contemporain *Le Séchoir*, à Mulhouse (France). La période des expositions évoquées s'étend de mars à juin 2015. De la représentation textile dans l'art, à l'évocation d'expériences berlinoises, en passant par l'approche sculpturale, les pistes de traduction artistique sont denses et variées.

Dans un second temps, l'exposition *Presque la même chose*,

qui a été visible au Centre d'Art Contemporain *La Kunsthalle* à Mulhouse, de février à mai 2015, permet d'envisager un autre point de vue. Elle est consacrée aux divers problèmes qui se posent au traducteur, lors de la transposition d'une langue à une autre, ou plus largement à l'artiste, dans la transposition d'un code à un autre. Elle matérialise diverses expériences de traduction, en ayant recours à divers médias (livres, vidéos, œuvres d'art...). De plus l'exposition *Presque la même chose* s'inspire du livre homonyme d'Umberto Eco, consacré à la problématique traductologique.

Ainsi, nous pourrons mettre en évidence l'intertextualité entre littérature et arts, approche thématique, abordée lors de mes recherches au sein de l'Institut de Langues et Littératures Européenne à l'Université de Haute Alsace, à Mulhouse.

Mulhouse, juillet 2015.

Martine Schnell

PROMENADE ARTISTIQUE

AU TRAVERS DES EXPOSITIONS DU *SECHOIR*,

D'AVRIL A JUIN 2015

I) Le Séchoir: Présentation du lieu et thématiques des expositions

Le Séchoir est un nouveau lieu d'exposition et d'échanges sur l'art contemporain à Mulhouse. Il occupe le dernier étage de l'ancien bâtiment de la Tuilerie Oscar Lesage à Muhouse. Ce bâtiment a été réhabilité et comporte à présent de multiples bureaux. Le dernier étage, où furent jadis séchées les tuiles, est à présent investi par le «Séchoir», inauguré en janvier 2015. C'est un lieu où se confondent la peinture, la gravure, la sculpture, la céramique et d'autres moyens d'expression artistiques. Les artistes du Séchoir sont actuellement : Sandrine Bringard, Delphine Gutron, SIAM ANGIE, Sandrine Stahl, Anne-Marie Ambiehl, Barbara

Farina, Vincent Schueller, Matthieu Stahl, André Maïo, Erik Fryd, -porte renaud- , OTO[1].

Diverses expositions personnelles ou collectives y sont organisées par les artistes résidents.

Nous nous attarderons aux expositions suivantes:

- *Corps habité*, exposition personnelle de Delphine Gutron

- *Le Dortoir,* exposition personnelle de Siam Angie

- *Berlin Calling*, exposition collective des artistes du Séchoir

- *Poussières des autres,* exposition personnelle de

–porte renaud–

- *Now future,* exposition des étudiants de la HEAR (Haute Ecole des Arts du Rhin, Mulhouse / Strasbourg).

---

[1] Le lecteur pourra également consulter le site Internet www.lesechoir.fr

II) L'image de la ville dans l'art contemporain ou comment représenter un conflit de représentation entre le corps, le soi et la ville.

1) Quelques réflexions sur l'exposition *Corps habité* de Delphine Gutron.

a) Présentation de Delphine Gutron:

De père imprimeur, Delphine Gutron est artiste graveur. Après des études en géologie et une formation de Professeur des Écoles, elle a suivi en 2004, des cours au Centre de la Gravure et de l'Imprimerie à Mons en Belgique. Puis, elle s'inscrit au Quai, l'École des Beaux-Arts de Mulhouse, où elle suivra un cursus pendant six ans. Elle sera aussi active au sein de l'association « Ustensibles », association ayant pour but la promotion de la création artistique à Mulhouse. En 2012, elle effectuera une Licence d'Arts Plastiques à Paris. En tant que dessinatrice graveur, elle alterne entre gravure et dessins préparatoires.

Elle utilise la pointe sèche ou la gravure à l'eau forte. La ville, les usines, les bâtiments, les parcs sont des thèmes récurrents dans les œuvres de Delphine Gutron. Le Temple St Étienne ou le Musée d'Impression sur Étoffes à Mulhouse ont contribué à nourrir son inspiration. Son imagination lui inspire aussi des êtres hybrides ou des créatures animales, afin de finaliser son œuvre très esthétique.

b) L'exposition:

L'exposition *Corps habité*, organisée du 27 mars 2015 au 25 avril 2015, thématise l'image de la ville dans l'art. L'artiste Delphine Gutron a été inspirée par sa ville, afin de produire diverses œuvres. L'exposition regroupe des gravures, ayant été crées entre 2012 et 2015.

Les œuvres exposées, les plus marquantes, peuvent être subdivisées en plusieurs catégories[2]:

1) Impressions architecturales et féminines :

- *Dimanche*, Dessin à l'encre, 2015

- *Contagion I et II, Berlin,* 2014

- *Iroquoise*, linogravure et encre noire.

Selon les affirmations de l'auteur, ces œuvres mettent en avant «le thème de la ville sublimée», par des «choix architecturaux», ainsi «le contact avec la ville» permet «une nouvelle géographie».

---

[2]   Plusieurs œuvres citées, sont visibles sur le site: http://www.lesechoir.fr/expositions/expositions-passees/corps-habite-exposition-personnelle-de-delphine-gutron/

- *Les citadines* (représentations de femmes et de maisons), 2014, estampes rehaussées à l'encre.

Impressions sur dessins à l'encre, 2013. L'œuvre comprend un commentaire: «La citadine vibre avec la ville et s'endort, le lendemain cela recommence, au centre-ville, celle qu'elle voudrait être».

2) Plusieurs gravures ont une relation directe avec l'Alsace et la ville de Mulhouse:

- *Avenue de Colmar* (à Mulhouse, Tour de l'Europe)

- *Plaine alsacienne* (représentant deux maisons, des montagnes, un village par le détail)

- Représentation d'un village, ancienne peinture

- Gravure ayant pour titre: *Hommage à Mulhouse*, cette gravure représente cinq grandes tours d'usines. Cela met en évidence le caractère et le patrimoine industriel de Mulhouse.

- *Quand la première pierre s'éveille* : gravure montrant les pierres d'un mur brun. Monotype, 2015. (L'œuvre comporte quatre tableaux, une sorte de variante de la pierre). L'ensemble est assorti d'un commentaire: «Derrière chaque édifice se cache la première pierre solide, verbale. Celle sur qui vont être bâties des vies, celle qui va engendrer des cellules familiales, des projets, des abris, des tranches de vie... Elle est importante, elle est la base de nos vies».

- *Hommages automatiques I, II, III*, aquatinte, 2013, représentation de nuages, évocation de la pollution. Cet ensemble comporte trois tableaux noirs et blancs.

3) D'autres gravures montrent un visage de femme.

On peut citer notamment la gravure États *d'âmes féminins,* résine et dessins, 2014. Cette représentation reflète divers états d'âmes: joie, peine, tristesse. L'artiste s'est peut-être représentée elle-même. L'œuvre comporte un commentaire: « Pendant 28 jours, j'ai dessiné mes états d'âmes, ils sont captifs, en foule, des moments figés et visibles, un ensemble, une séquence de ma vie de femme. Ce sont des cycles, mois après mois, dans toute la singularité, qui compose la féminité qui est en moi. C'est un destin immuable.» Ces 28 dessins furent également exposés derrière une vitre et reproduits sur des petits flacons, semblables à des petits flacons de parfum.

III) Les représentations du textile dans l'art : Dortoirs, exposition personnelle de SIAM ANGIE

a) Présentation de SIAM ANGIE

SIAM ANGIE est une artiste plasticienne nomade. Diplômée de l'École Nationale Supérieure d'Art de Limoges en 2011, elle élira domicile à Mulhouse durant deux ans. Elle participera à divers projets artistiques comme «Mulhouse Jeune Art Contemporain». Depuis 2014, SIAM ANGIE a élu domicile à Berlin. Elle continue néanmoins à tisser des liens avec Mulhouse, en devenant membre fondatrice du Séchoir. A présent, elle partage son travail entre deux pays: la France et l'Allemagne. Avec l'artiste –porte renaud-, qui partage son existence, elle est curatrice à ADSUM à Berlin[3]. Elle est également co-responsable du réseau DEDALE[4], qui vise la

---

[3]   Voir le site http://adsumberlin.tumblr.com
[4]   Voir le site http://reseau-dedale.tumblr.com ainsi que la page Facebook.

promotion artistique au sein des structures sociales de toute la France.

SIAM ANGIE a beaucoup travaillé autour du fil et du textile, mais réalise également des collages ou des installations. Mais chacune de ses œuvres sont marquées par deux facteurs, comme une signature récurrente: le motif de pois irréguliers et une dimension relationnelle et sociologique, qui guide sa démarche artistique. Elle s'interroge sur les rapports interpersonnels et leur création au travers d'une œuvre. Elle met en avant les relations entre l'artiste, l'œuvre et son public. Ainsi, les visiteurs sont souvent invités à se mettre en scène et à expérimenter son œuvre.[5]

b) L'exposition

Du 1er au 24 mai 2015, SIAM ANGIE a exposé des objets du quotidien suggérant l'intimité autour de la thématique du

---

[5] Voir le site de l'artiste http://siamangie.com ou le site du Séchoir.

«Dortoir». Cette exposition a un caractère transitionnel. Le visiteur peut toucher les objets et entre dans une sorte d'intimité. Il rencontre tout d'abord deux grandes couettes blanches, qui sont marquées par la couture de fil rouge, effectuée par l'artiste. Ainsi le fil rouge permet de contraster avec l'innocence du blanc. Puis, le visiteur peut admirer la collection de tamis, ornés de fils DMC à divers motifs. Ces motifs peuvent évoluer au gré de l'inspiration de l'artiste. Lors de la visite guidée, SIAM ANGIE dit avoir élargi sa collection, déjà exposée précédemment au Centre socio-culturel Pax de Mulhouse.[6]

---

[6] Le réseau Dédale et le Centre Socioculturel Pax de Mulhouse a invité les artistes du Séchoir à exposer leurs œuvres et à intervenir, à l'occasion de l'exposition *Presque là – un artiste, une œuvre,* en mai 2015. En juin 2015, dans le cadre du réaménagement d'une de ses salles d'activités, le Pax invite Dédale à organiser l'intervention d'un artiste du *Séchoir*. Erik Fryd s'est inspiré des rêves des visiteurs, usagers, salariés et bénévoles du Pax, ainsi que des habitants du

Conçus comme un punching-ball, le visiteur qui déambule le long de l'exposition aperçoit deux traversins blancs, cousus de noirs, qui sont également manipulables.

Puis le visiteur peut être quelque peut surpris par la présence de rideaux de douche roses à pois blancs. Il peut les toucher et s'y envelopper, ce qui permet un moment d'intimité. Enfin, l'on entrevoit une série de leggings. Ces leggings comme objet textile anodins, furent déjà exposés précédemment lors de l'exposition «Solidaire» aux Salaisons (Romainville, métro des Lilas). Lors de cette exposition, le peintre et critique Benoît Blanchard y vit une évocation de l'artiste dans le milieu prolétaire du travail. A ce propos, il écrit dans son article *Allez en banlieue*:

«[...] Siam Angie Dots Minou a suspendu *Des Possessions*, sa collection de leggings usés. Ils sont accrochés les jambes grandes écartées, sans pudeur ni provocation. Trois leggings fatigués par le

---

quartier, afin de créer la Salle des rêves sucrés. Voir le site: https://www.facebook.com/reseaudedale

frottement des cuisses, preuve physique de la démarche de l'artiste, démarche qui n'appartient qu'à elle, mais qui s'inscrit dans son vêtement de la même manière dont chaque jour, des milliers de femmes usent les leurs en allant travailler. Trois preuves donc, trois pauvres morceaux de tissus plaçant l'artiste dans la société, aux côtés de ceux qui se lèvent quotidiennement pour aller pointer.»[7]

Le fait d'effectuer un parallèle entre les leggings de l'artiste et le monde du travail met également en lumière un aspect sociologique. Ces objets du quotidien devenus œuvres d'art textiles reflètent ainsi un certain mode de vie. Cette exposition de SIAM ANGIE met donc en scène l'intimité, en exposant des objets du quotidien. Mais ces objets sont, d'une part, laissés en leur état originel (rideaux de douche, leggings) pour démontrer la force artistique du quotidien par le textile. D'autre part, la couture du fil rouge ou noir (couettes et traversins) les transpercent pour leur donner un autre aspect, afin qu'ils véhiculent un autre message. Ainsi, le fil comme

---

[7] http://tenshi.fr/collections/des-possessions/

objet d'art textile, permet de donner une expression nouvelle aux objets. Cette exposition avait également donné lieu à une Journée d'étude au Séchoir, sur la thématique du textile dans l'art contemporain, dont voici le texte de présentation par Benoît Blanchard et Elodie Voillot :

Le textile est aujourd'hui parfaitement intégré à la création contemporaine. De nombreux artistes l'emploient de manière parfaitement assumée, l'utilisent comme médium principal, ou l'insèrent dans des œuvres aux matériaux divers. Pourtant, les usages du textile ont souvent été déclassés, ou plus exactement rangés dans la catégorie des « arts mineurs » avec l'ensemble des productions que l'on qualifiera par la suite d'art décoratif. Et ce, malgré le fait que les créations textiles figurent parmi les premières formes de créations plastiques humaines. Le regain d'intérêt dont bénéficie le textile est très récent et s'inscrit dans un faisceau de luttes artistiques et sociales. Il s'agit avant tout de celles portées par le mouvement Arts & Crafts au XIXe siècle puis par les avant-gardes au cours de la première moitié du XXe siècle. L'ouverture à toutes les formes de créations prônée dans des centres d'expérimentation tels que le Bauhaus ou le Black Mountain College suscita une revalorisation de ces techniques. Participant de la tentative de rapprochement entre les pratiques artisanales et artistiques, l'étude des arts textiles met en avant la richesse des possibilités apportées par ce médium. Dans les années 1970, notamment dans le travail d'Annette Messager ou de Sheila Hicks en France, d'Hanne Darboven en Allemagne et de Louise Bourgeois aux États-Unis, le matériau textile devient le support d'une critique de la condition féminine.

Dans toutes ces pratiques, la question du statut du textile a toujours été un point crucial ; le statut de l'artisan vis-à-vis de l'artiste, le premier étant placé dans une position d'infériorité, son travail étant apprécié pour sa « qualité technique » mais supposé dépourvu de « qualités d'invention » ; le statut de la femme vis-à-vis de l'homme en raison du caractère « féminin » de ces pratiques, puis de la femme-artiste vis-à-vis de l'homme-artiste ; enfin, le statut des objets, entre objets d'art et œuvres d'art. Par ailleurs, le renouvellement des recherches sur les notions de décor, de décoration et d'ornement a entraîné une réflexion sur le statut et la place de ces œuvres.

Ce statut du textile va-t-il de soi ? La matière et ses connotations traditionnelles – une pratique féminine – appellent également à s'interroger sur les apports d'une approche genrée de ce médium, au regard de l'histoire et de la production contemporaine. Les arts textiles sont-ils des « arts féminins »? Comment se positionnent les artistes d'aujourd'hui ayant choisi le textile comme médium ?[8]

IV) Berlin Calling, «Berlin » est à Mulhouse

Cette exposition, organisée du 1ᵉʳ au 24 mai 2015, fit suite à une exposition collective des artistes du Séchoir à Berlin, en novembre 2014. Initiée par ADSUM, structure curatoriale d'arts à Berlin, à l'initiative de

–porte renaud- et SIAM ANGIE, l'ensemble des artistes du *Séchoir* ont pu exposer leurs œuvres au cœur de Kreuzberg à Berlin. L'exposition avait alors pour thème

---

[8] Programme de la Journée d'étude *Le textile dans l'art contemporain, Le Séchoir*, 5 mai 2015. Intervenants: Benoît Blanchard, Elodie Voillot, Tsama do Paço, SIAM ANGIE.

«Contacts». Cette exposition est elle-même devenue une œuvre d'art, puisque l'agencement de l'exposition berlinoise a été reconstitué au Séchoir en mai 2015. Comme dans une «cabane» de bois, on a pu admirer des œuvres de tous les artistes du Séchoir. Ainsi, les artistes de Mulhouse ont répondu à «l'appel de Berlin». Un montage vidéo permettait aussi de visionner des instants clés de l'exposition berlinoise. Afin de préserver les «contacts» initiés par cette exposition, ils ont également convié des artistes berlinois à exposer à Mulhouse. Ce fut notamment le cas de Claude Eigan. Il exposa son *Tryptique* 01, composé de trois tableaux aux couleurs et motifs assortis. C'est une peinture acrylique, agrémentée de morceaux de marbre et de granit sur un tableau de métal.[9] Ces œuvres démontrent de manière

---

[9] Les œuvres sont visibles sur le site http://www.claudeeigan.com/#/friches/

symétrique, que des matières brutes peuvent constituer une œuvre d'art.

Comme l'indique le site Internet du Séchoir, les autres artistes berlinois, invités furent:

- *Duane Bahia Benatti*, qui développe une pratique picturale où es influences de son pays natal, le Brésil, viennent nourrir ses recherches matériologiques (pigment...). Il fait de la peinture et cela à tous les niveaux de sens de l'expression. La peinture, telle une peau, se décolle parfois de son support pour devenir un objet-peinture.

- *Stephano Cassetti*, d'origine italienne, s'inscrit dans le sillage d'une approche conceptuelle de l'art héritée des années 1960. Le corps, le sien, lui sert d'instrument pour mesurer ses propres limites et comme marqueur des espaces qu'il occupe. Non dénué d'humour et de patience, la recherche de l'artiste contrevient délicatement au cours normal du quotidien. Pour *Berlin Calling*, le public était invité à apporter ses vieilles savonnettes pour une performance. L'artiste rend ainsi hommage à son grand-père, qui manquait de savonnettes dans les camps de concentration

- *Monika Dorniak* s'intéresse autant à la danse qu'à la science. Cette artiste, née en Pologne, combine les médias dans son travail, interrogeant les représentations du corps et décortiquant sa gestualité. D'une poésie au sujet ordinaire, l'artiste parvient à aiguiser notre regard sur les relations que nous entretenons avec les espaces que nous traversons. Ces manifestations œuvrent en faveur d'initiatives franco-allemandes et interculturelles du monde de l'art contemporain.

V) La symbolique du corps et le contact: «Poussières des autres» de –porte renaud–

a) Présentation de –porte renaud–

-porte renaud- est un artiste plasticien. Ses œuvres oscillent entre sculpture et installation. Sa démarche artistique consiste à mettre en espace des volumes ou à faire de l'espace un moment sculptural.[10] Né en 1987, -porte renaud-

---

[10] http://www.lesechoir.fr/qui-sommes-nous/artistes-residents/porte-renaud/

Autre sites Internet: ; www.porterenaud.com

réside à Berlin et vient régulièrement à Muhouse.[11] Membre fondateur du Séchoir, avec sa femme SIAM ANGIE, ils oscillent entre la France et l'Allemagne et se trouvent dans un échange continuel de cultures. Sa pratique sculpturale se base sur les enjeux du corps, de la matière et de la mémoire. Il est également curateur à Adsum et co-responsable du réseau français DEDALE, structure de découverte artistique pour l'action sociale, évoquée précédemment.

b) L'exposition

Lors de son exposition personnelle, qui fut visible du 6 juin au 5 juillet 2015, il a réactualisé certaines créations déjà existantes pour d'autres expositions et en a aussi crée de nouvelles. Le critique d'art Mickaël Roy, qui fut le curateur de l'exposition, évoque les enjeux de celle-ci en ces termes:

---

[11] *Et de deux au Séchoir*, Article dans le journal «L'Alsace», Mulhouse, Edition du 2 juin 2015, p.25.

Au plus profond du sol et au plus proche de soi, dans la dualité d'un mouvement où l'horizontalité du monde donné côtoie à angle droit la verticalité de ses artefacts construits, la sculpture de -porte renaud-, tellurique dans son irruption, hiérarchique dans sa tenue et organique dans son apparence, conquiert des prises de position où le corps agissant – de l'artiste et par procuration celui du regardeur, est l'étalon matrice de l'événement de la matière et ce faisant du mouvement de l'être. Faire ainsi sculpture, tant lors du processus créatif que lors du temps de monstration, par la recherche d'un état-limite mis en œuvre par un travail de progression de l'informe vers la construction de la colonne vertébrale d'une forme dont l'apparition procède d'une mémoire de geste, témoigne d'un engagement à montrer en creux l'image d'une pratique artistique comme d'un monde social tramé par des structures – de pouvoir, de liberté de contrainte et de déplacement physique et symbolique, qui déterminent l'amplitude acquise ou autorisée de l'existence. Faire sculpture en cela, en agissant autant que faire se peut en regard d'une conception normalisée des espaces que le corps habite et à l'égard desquels la matière joue de mécanismes binaires d'inclusion et de répulsion, de recouvrement et de débordement, c'est encore revendiquer l'expression d'une subjectivité et la possibilité cathartique d'être tout à fait homme. Vouloir en traduire et en prolonger toujours l'expérience revient alors à construire consciemment une biographie parallèle aux gestes engagés par la remise en jeu des fragments qui subsistent des procédures et des formes que génère la dimension autoréflexive de cette démarche artistique qui s'observe elle-même avec l'extériorité nécessaire à la conscience du récit qu'elle installe dans le temps de sa propre révolution. En tant que métaphore cyclique, cette dynamique est à l'avenant du parcours qu'un organisme opère et dont l'émergence n'est que la moitié de la course à effectuer à l'image aussi géologique, généalogique que rhizomatique des branches-racines d'un arbre dont les extensions dans des sens opposés produisent néanmoins un milieu et ce faisant un prolongement de la nature tantôt dissimulée tantôt rendue à la visibilité de la culture civilisée. Ce faisant, il faut lire les obsessions individuelles que -porte renaud- modèle dans l'actualité du présent et de sa pratique à travers des monuments dont l'aspect minéral se dissout dans celui du sentiment de chair, en tant qu'elles sont mises à l'épreuve de celles des autres, il faut compter encore sur les vents contraires pour assurer la porosité des deux parties dans un rapport d'équivalence par lequel la dimension anthropique des matières-concrétions agglomérées tutoie en toute réciprocité la valeur entropique des corps-objets dispersés.[12]

Ainsi, nous pouvons retenir deux axes d'approches, ressortant des œuvres exposées: la notion symbolique du corps et le contact aux autres.

La symbolique du corps se retrouve dans l'ensemble *Alter*. Celui-ci représente un ensemble de différentes formes en plâtre. Ces formes de diverses hauteurs peuvent se dresser ou s'allonger. Cela fait penser aux diverses postures du corps humain ou animal.

L'œuvre *Praxis* est une œuvre processuelle. Sur une table, on peut voir des morceaux de bois, des vis, des équerres, de la peinture acrylique et des fragments d'œuvres en devenir.

---

[12] Texte du curateur de l'exposition et critique d'art, Mickaël Roy: *Ses poussières, les vôtres,* Mai 2015, selon le programme.

Cette notion de fragment fait également référence au mode de création de l'artiste, qui va recréer et transformer les corps/corps symboliques de ses sculptures. Œuvre processuelle, elle accueille également l'expression des autres et leurs «poussières», c'est-à-dire ce que l'artiste ou les artistes en herbe, ont bien voulu y laisser de leur inspiration.[13] Ce qui nous permet d'aborder le thème de la poussière et du contact des autres, servant de fil conducteur par la compréhension des œuvres. Par ailleurs, l'œuvre *Saillie*, en plâtre rougeâtre, est projetée sur un mur blanc. Cela semble être un fragment d'une œuvre ou encore les poussières d'une œuvre inachevée. Cette notion de poussière est également présente au sol, avec *Cross 2*. C'est de l'argile cru, rougeâtre, étalée sur le sol. Cela illustre symboliquement

---

[13] Pour accueillir le public, un atelier pour jouer avec les matières de l'atelier de l'artiste à été organisé. Cf. l'article: *Matière à voir, matière à penser au Séchoir, Journal l'Alsace*, Mulhouse, 13 juin 2015, p. 25.

les notions de poussière, laissée par les passants dans une rue ou tout autre lieu.

L'œuvre *In Situ 2,* est une plaque d'isorel blanche, visant à camoufler les vitres de la salle d'exposition. Mais, c'est une œuvre à part entière, sa première version date de février 2013. Elle empêche symboliquement le reflet de poussière de l'œuvre *Cross,* se trouvant au sol. Enfin, l'œuvre *Mes poussières, les vôtres*, est constituée d'une boîte en fer et de pâte à modeler. Elle accueille le visiteur à l'entrée de l'exposition. Cette œuvre symbolise le paillasson et le seuil, où tout un chacun dépose ses poussières, donc un peu de son essence au contact des autres. Ainsi, cette œuvre constitue une sorte de rite de passage pour les visiteurs de l'exposition. Ces derniers ont pu découvrir la progression d'une recherche sculpturale fragmentaire, toujours en devenir et en constante évolution.[14] Cela démontre l'universalité de la démarche artistique.

VI) L'exposition *No(w) Future*

Cette exposition collective des étudiants de la Hear (Haute Ecole des Arts du Rhin (Mulhouse/Strasbourg) était visible du 5 juin au 14 juillet 2015. Elle montre 11 œuvres des étudiants en art d'Alsace. A l'occasion d'un workshop, organisé en novembre 2014, dans la réserve naturelle du Frankenthal, les étudiants ont pu observer la nature et s'en inspirer pour leurs productions artistiques. Ainsi, l'œuvre *Marcher,* est une sorte de pierre de montagne, disposée en haut de l'escalier, à l'entrée de l'exposition. Cela symbolise le seuil, mais

---

[14] Comme le démontre le site de l'artiste sur son travail à Berlin: www.porterenaudinprogress.tumblr.com

également le quotidien des marcheurs en montagne, confrontés à des obstacles sur leur chemin. D'autres étudiants ont confectionné une carte d'orientation, ou encore un motif en étoile variable ou encore réuni quelques clichés photographiques de paysages montagneux. D'autres ont confectionné une robe de princesse, comprenant des gravures de lichens sur le tissu. Un étudiant a poncé une plaque de plâtre durant l'exposition, afin de symboliser la brume des montagnes.

Ces diverses pistes permettent de porter un regard critique et éthique sur la nature et l'environnement, ainsi que sur l'avenir et les potentialités des étudiants en art. Ainsi, le titre de l'exposition est très évocateur par son jeu de mots: «No(w) Future». Ce qui signifie: «l'avenir c'est maintenant ou il n'y a pas d'avenir». Ce jeu de mot permet en définitive, d'étayer la réflexion du visiteur, tout au long de l'exposition très prometteuse.

Sitographie et articles consultés

– Expositions du *Séchoir:*

www.lesechoir.fr

http://adsumberlin.tumblr.com/

http://reseau-dedale.tumblr.com

http://siamangie.com/

https://www.facebook.com/reseaudedale

http://tenshi.fr/collections/des-possessions/

http://www.claudeeigan.com/#/friches/

www.porterenaud.comhttp://www.lesechoir.fr/qui-sommes-nous/artistes-residents/porte-renaud/

www.porterenaudinprogress.tumblr.com

Programme de la Journée d'étude *Le textile dans l'art contemporain, Le Séchoir*, 5 mai 2015. Intervenants:

Benoît Blanchard, Elodie Voillot, Tsama do Paço, SIAM ANGIE

Et de deux au Séchoir, Article dans le journal «L'Alsace», Mulhouse, Edition du 2 juin 2015, p.25.

Ses poussières, les vôtres, texte du curateur de l'exposition, Mai 2015, selon le programme.

Matière à voir, matière à penser au Séchoir, Journal l'Alsace, Mulhouse, 13 juin 2015, p. 25.

L'ART DE TRADUIRE OU QUELQUES REFLEXIONS A PROPOS DE L'EXPOSITION «DIRE PRESQUE LA MEME CHOSE», A LA KUNSTHALLE, MULHOUSE, DE FEVRIER A MAI 2015.

L'exposition *Dire Presque la même chose,* reprend, chapitre par chapitre, le cheminement proposé par l'ouvrage du philologue italien Umberto Eco, dans son ouvrage *Presque la même chose. Expériences de traduction.*[15]

---

[15] Umberto, Eco : *Dire presque la même chose. Expériences de traduction.* Le Livre de Poche, 4ᵉ édition, janvier 2015.

L'exposition ne propose pas uniquement des supports textuels, mais des vidéos, des films courts, des tableaux, des dessins animés, des gravures, des sculptures. Chaque œuvre s'efforce de transmettre le message voulu par Umberto Eco, en disant *presque* la même chose. Toute l'ambigüité réside dans ce *presque*. Chaque œuvre transmet son propre message, par rapport à celui d'Umberto Eco, elle exprime donc presque la même chose. Ce message a donc fait l'objet d'une négociation de l'artiste par rapport au texte initial, il a dû effectuer des choix. Les artistes et traducteurs œuvrent de la même manière. Ainsi, toute traduction est négociation. L'artiste ou le traducteur se trouvent tout d'abord dans une situation de conflit entre le texte source, les ressources disponibles, leur propre compréhension, le contexte culturel et social et les attentes du donneur d'ordre, des clients ou du public.

a) Les œuvres de l'exposition d'art contemporain *Presque la même chose*[16]

Les œuvres proviennent des artistes suivants:

Aballí Ignasi

Baladi Alex

Berberian Cathy

Bismuth Pierre

Bodamer Julia

Collin-Thiébaut Gérard

Lamas Nicolás

Manouach Ilan –

Muntadas Antoni

Roeskens Till

---

[16] Voir le site Internet de la Kunsthalle: www.kunsthallemulhouse.fr

Roux Sébastien

Tran Thu Van –

Wildberger Martina-Sofie.

b) A travers l'exposition «Presque la même chose»

Voici quelques réflexions et précisions notées lors d'une visite guidée de l'exposition.

A l'extérieur, à l'entrée de l'exposition se trouve une grande affiche rouge, comportant des lettres blanches. On peut y lire le message suivant: «Attention: la perception demande de s'engager». Ce message est extrait de la série «On Translation» de l'artiste espagnol Antoni Muntadas (né en 1942). Il vit et travaille à Barcelone. Cette série toujours en cours est une série de propositions démontrant la nécessité de l'engagement dans la société. Pour l'exposition, on peut lire la phrase en français et en alsacien «Achtung, empfinda düet uns verpflechta». Lors de la visite, notre guide m'a demandé de la traduire. Ce que j'ai traduit par: «Attention, le ressenti nous force à agir». Notre guide insiste sur le fait qu'en alsacien, la phrase inspire plus d'autorité et a plusieurs sens.

Cette phrase fait référence à la responsabilité et à l'engagement du traducteur. N'oublions pas que l'exposition est consacrée à la traduction au sens large. Elle s'inspire de l'ouvrage d'Umberto Eco «Presque la même chose», publié en 2003 à Milan, et traduit en français en 2010. Le livre aborde les problématiques de la traduction, les questions qui se posent au traducteur, les choix qui se posent à lui. L'exposition reprend d'ailleurs le titre de l'ouvrage et chaque œuvre exposée s'inspire d'un chapitre du livre, tout en allant plus loin.

Au début de l'exposition, des écouteurs sont à disposition pour une écoute sonore. On peut y entendre des extraits du livre d'Umberto Eco sur la traduction, qui a inspiré l'exposition, lu par un professeur d'art dramatique. Il y aborde le phénomène de «traduction d'un medium à un autre», qu'il définit comme TRANSMUTATION. On peut également y entendre un texte d'Alain Badiou, qui a traduit «La République» de Platon. D'autre part, on y entend aussi des extraits de Louis Wolfson. Diagnostiqué schizophrène, cet auteur rencontra d'énormes problèmes avec la langue anglaise.

Nous pouvons aussi y entendre un texte de Sébastien Roux, qui s'inspire de Flaubert et de *La légende de Saint Julien l'Hospitalier*. C'est une création sonore, on perçoit des dialogues et des bruitages.

On peut également voir sur un fond de mur blanc, un rébus en anglais et en français. Il délivre le message suivant: l'artiste a crée son œuvre. C'est une autre façon de traduire un message.

Puis nous avons pu voir un entassement de livres sur une palette de bois d'hévéa. C'est le bois des esclavages. Ces livres sont une œuvre d'art de l'artiste vietnamienne Thu Van

Tran. Ce livre est celui de Joseph Conrad « Heart of Darkness ». Pour les besoins de l'exposition, celle-ci a traduit avec un dictionnaire anglais unilingue, le texte de Joseph Conrad en français. Conrad était lui-même membre de la marine marchande anglaise et a navigué au Congo. Puis il a eu connaissance d'un rapport, y faisant état de l'esclavage et de l'humiliation belge. Ce récit est donc autobiographique. Le héros du livre de Conrad, Marlow, va au Congo, navigue en Inde et s'enfonce dans un enfer. Dans cette histoire, on peut relever deux parallèles: c'est un livre sur la folie, celle des Occidents qui colonialisent et celle de l'homme encore sauvage. L'artiste Thu Van Tran ne maîtrise pas l'anglais mais a voulu remplacer dans sa traduction subjective tous les noms de lieux au Congo, qui seraient mentionnés dans le texte. Or, elle n'en trouva aucun. Lors de sa lecture, il n'est pas indiqué au lecteur où il se trouve, mais il peut le deviner par quelques indices. Le point de départ se trouve avant le Congo.

La traduction française de Thu Van Tran est au présent, elle a voulu changer les temps, afin de mettre en valeur l'actualité du texte. Il s'agit de la deuxième version de sa traduction, dont elle a elle-même retravaillé les formulations, ainsi que sa propre écriture. L'œuvre avait été traduite et exposée pour la première fois à ARTBASEL. Pourquoi disposer les livres sur des palettes de bois d'hévéa? Car c'est un vecteur de colonisation et cela symbolise le domaine marchand, mais aussi la dissémination de l'œuvre. De plus, chaque visiteur peut repartir avec un livre.

Lors d'autres exposition, cette œuvre avait été mise en espace, les textes étaient affichés sur du papier blanc, devenant de plus en plus noir. Cela démontre cette descente en enfer et la pénétration de la folie.

Pour la prochaine œuvre, il s'agit de la transcription phonétique de l'introduction d'un ouvrage de Jacques DERRIDA. Derrida est né en Algérie colonisée, puis il viendra en France. Dans son ouvrage, il se pose des questions par rapport à la langue. Est-ce que les langues nous définissent, influent notre caractère. Il exprime aussi sa peur. Est-ce que notre langue nous échappe? (cela fait penser aux Journées de la Francophonie par exemple). Il met également en évidence l'affirmation de notre identité (notre guide fait allusion à l'ouvrage «1984» d'Orwell). On peut se demander, en voyant l'œuvre exposée, «Est-ce que mes mots vont influencer sur ma pensée?». On peut aussi déchiffrer l'écriture du texte phonétique reprise par l'œuvre exposée: A la fin de la transcription, on peut lire «langue, jamais ne sera la mienne, je souffre, pas la mienne». A côté de cette œuvre, on trouve également l'alphabet vietnamien, tel qu'il existait il y a plus d'un siècle. Cela démontre la peur de la perte, et aussi que lors de l'évolution l'on perde des choses et notamment un pan de la culture. Ce qui est aussi symbolique est que cet alphabet se trouve sur du papier d'impression, d'autant plus que l'œuvre s'appelle «L'alphabet éteint».

L'œuvre suivante, est la seule de l'exposition que l'on peut toucher. Elle est destinée tout d'abord à des aveugles. C'est une bande dessinée reproduite en braille sur des plaques. Chaque symbole correspond à des mots. Sur une feuille, on peut consulter ces symboles et les termes correspondants en français et en anglais. Par exemple le mot «Panda». L'histoire se passe au Pôle Nord. Pourtant l'auteur déclare ne pas s'être inspiré d'une bande dessinée. L'intention de cette œuvre est de mettre en évidence les relations entre les images, la transcription et le texte. Un informaticien, ayant visité l'exposition a proposé de créer un logiciel et d'y rentrer les images et les codes en braille correspondants.

L'exposition comporte aussi deux objets d'art premier: un masque et un objet ayant servi lors de cérémonie de circoncision dans les premiers siècle. Pourquoi ces objets se trouvent-ils dans le cadre d'une exposition sur la traduction? Pour montrer l'importance du contexte en traduction. Il est difficile de comprendre ses objets, car la connaissance du contexte est quasiment absente.

Nous pouvons aussi voir une vidéo bleue. Pour la réaliser, l'artiste Julia Bodamer a crée cette pièce bleue dans son atelier. Il n'y a pas ou plus de repères de temps et d'espace. On a uniquement deux personnes, qui semblent être des jumelles. Cette vidéo interroge donc sur la gémellité. Les personnes effectuent une espèce de rituel. C'est également une référence à un film. Ce film se déroule dans un hôpital et les rôles sont inversés: le mari de la patiente embrasse l'infirmière et devient son confident. Cette vidéo remet en question l'identité, c'est la description et la mise en scène d'un jeu de communication. C'est un jeu de miroir dans un contexte de la traduction du «presque la même chose» et la vidéo s'intitule «Pas de deux». L'œuvre suivante, intitulée *Fracturas* de Nicolas Lamas, est un ensemble de feuilles formant un livre (sur un présentoir, qu'il faut ouvrir avec des gants blancs). Au début, c'est un poème espagnol, que l'artiste a traduit en d'autres langues en utilisant GOOGLE TRANSLATE, logiciel de traduction automatique gratuit en ligne, traduisant en un nombre infini de langues. Il a par exemple traduit de l'espagnol vers l'anglais, puis à pris la traduction anglaise et l'a traduite dans une autre langue. On constate qu'au fur et à mesure du cycle de la traduction, des mots et des notions se perdent. Le texte s'appauvrit et se perd. Notre guide rapporte que lors de la visite de l'exposition par une classe de collège, les élèves devaient désigner leur œuvre préférée. Un collégien a désigné cette œuvre, croyant que le livre fermé était une sculpture, finalement, en découvrant, que ce n'était pas le cas, il fut déçu. Dans le contexte de la traduction, cela met en avant, les mécanismes de la traduction automatique. Ce qui fait également référence à Altavista, évoqué par Umberto Eco.

Sur le parterre, il reste du papier, de l'eau, un pinceau. Cela n'était pas prévu, mais ce sont les traces que l'artiste en résidence, a laissé lors de sa performance. Elle a traversé l'exposition et a regardé et écouté les œuvres et les gens. Avec un pinceau et de l'eau, elle avait écrit un message sur le sol. Ce qui montre le caractère éphémère de l'art.

Les tableaux d'Alex Baladi, intitulés *Pure Perte,* font référence à Saint Jérôme, patron des traducteurs. L'artiste s'est inspiré des inscriptions sur les tubes de gouaches en plusieurs langues. Cette œuvre met en avant le rapport entre peinture et musique. En terrasse, l'artiste a demandé à un musicien, s'il pouvait jouer son œuvre. Voici le résultat, qui est exposé.

Cela fait aussi référence à Cathy Berberian[17], artiste américaine, devant un orchestre dont nous voyons une vidéo

---

[17] Lindekens René. *Analyse structurale de la Stripsody de Cathy Berberian.* In: Communications, 24, 1976. pp. 140-176. doi : 10.3406/comm.1976.1370
http://www.persee.fr/web/revues/home/prescript/article/comm_0588-8018_1976_num_24_1_1370

au sein de l'exposition[18]. Cela permet d'évoquer le problème de la TRANSPOSITION.

L'artiste Martina Sofie est Suisse allemande. Ses œuvres documentent ses propres performances. Le dialecte suisse-allemand ne s'écrit normalement pas, les échanges se font en allemand standard. Martina Sofie a essayé de l'écrire. Ses œuvres sont une documentation de la performance, laissant une trace. Chaque auteur lit un texte, la hauteur des lettres sur l'œuvre, chaque petite case correspond à une personne (le temps de parole est par exemple d'une minute par personne) et à la durée de son intervention. Si les lettres sont en noires, le texte a été lu en langue maternelle. Si les lettres ne sont pas en noir, la lecture a été faite en langue étrangère. Une personne a aussi décliné un texte en deux langues comme le montre l'œuvre. Ces œuvres sont en quelque sorte les affiches du script des performances, alors que

---

[18] Des vidéos de Cathy Berberian, dont celle présentée lors de l'exposition, sont visibles sur YouTube.

normalement, les scripts se font avant. Là, après et pendant. Cela souligne aussi le caractère éphémère de la performance et du moment. Le titre de chaque œuvre reprend la date de la performance à l'origine. Nous pouvons aussi visionner un dessin animé de l'artiste Pierre Bismuth, sur le *Livre de la jungle*. De multiples langues sont parlées par les animaux, qui reprennent un certain nombre de stéréotypes. Le chef des éléphants par exemple parle allemand et est très autoritaire. Les animaux français sont râleurs et font grève. Cela révèle certains stéréotypes et met en valeur la «transmutation» entre un message et sa représentation au sein d'une bande dessinée.

La dernière vidéo de l'exposition est de Till Roeskens. Il a beaucoup travaillé à référencer, à définir les choses, à établir une cartographie. Il a effectué beaucoup de portraits. C'est ce que montre une vidéo, au sein de l'exposition, qui le montre avec sa fille, lors d'un voyage en train en Allemagne. Lors du voyage du retour, sa fille en bas âge apprend à découvrir et à s'approprier les mots. Chaque fois qu'elle voit quelque chose à travers la vitre du train, elle le nomme en allemand: «Haus» («maison»), «Tanne» («sapin»), «Tunnel» («tunnel», l'enfant répétera plusieurs fois ce terme en se trouvant effectivement à cet endroit etc. Il filme sa fille avec une caméra, afin de réaliser la vidéo. C'est un jeu de description. Vers la fin de la vidéo, sa fille va inverser le processus. Au lieu de nommer ce qu'elle voit, elle va inventer un mot et chercher une définition dans le paysage. Elle fera monter le suspens, avant d'inventer un mot. Elle s'intéressera alors à la caméra et dira à son père que la caméra est géniale. Elle dira qu'il n'est pas bien de regarder le paysage directement, mais plutôt de regarder le monde à travers la caméra.

La première mission de la traduction est de mettre des mots sur des choses. Cette vidéo et ce processus recentrent en quelque sorte, tous les autres questionnements que nous avons vus auparavant.

Sites, ouvrages et articles consultés

www.kunsthallemulhouse.fr

Umberto, Eco : *Dire presque la même chose. Expériences de traduction.* Le Livre de Poche, 4e édition, janvier 2015.

Lindekens René. *Analyse structurale de la Stripsody de Cathy Berberian.* In: Communications, 24, 1976. pp. 140-176.

doi : 10.3406/comm.1976.1370

http://www.persee.fr/web/revues/home/prescript/article/comm_0588-8018_1976_num_24_1_1370

ANNEXE : QUELQUES ILLUSTRATIONS

Documents issus du site www.lesechoir.fr

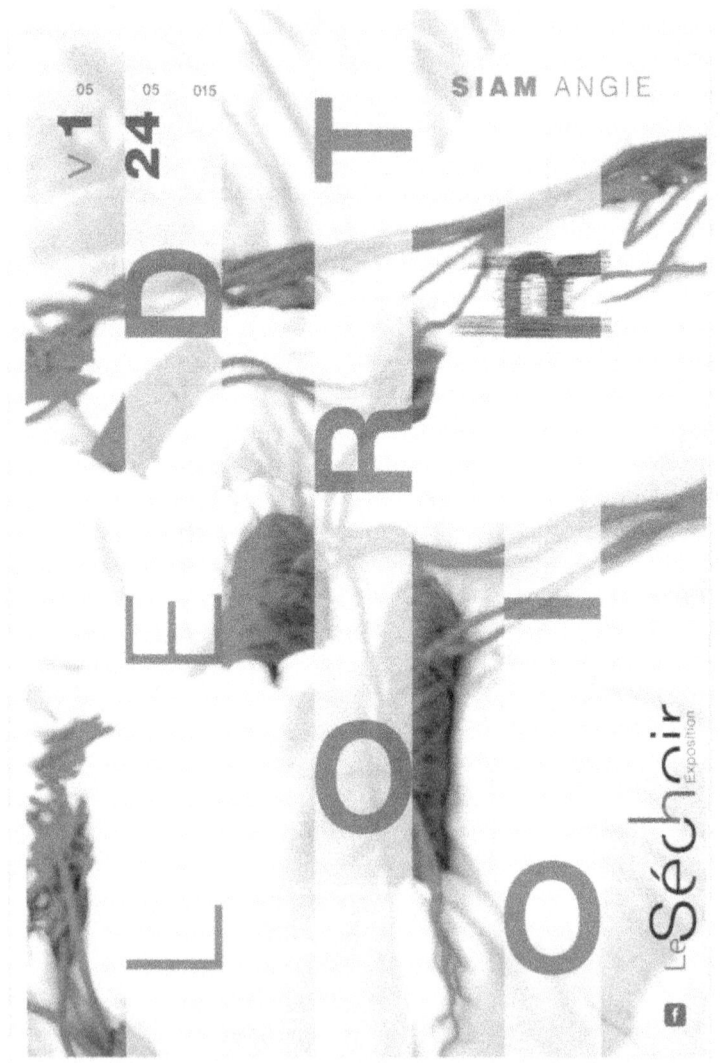

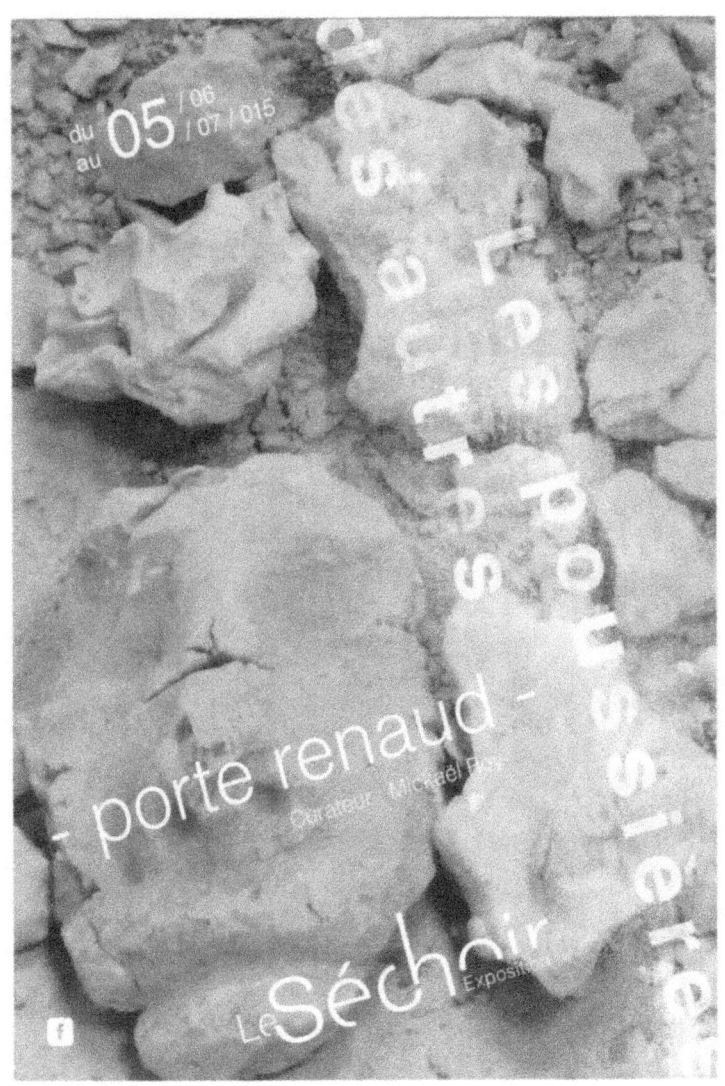

www.ingramcontent.com/pod-product-compliance
Lightning Source LLC
Chambersburg PA
CBHW050240230526
45470CB00005B/2049